MÉMOIRE

SUR la liberté de l'Exportation & de l'Importation des Grains.

LA France, par ſon étendue, par ſa fertilité de ſon ſol & par ſa ſituation, l'emporte ſur toutes les autres Nations de l'Europe.

Sa richeſſe la plus ſolide eſt celle des grains qu'elle tire de ſon propre fonds, qui produit année commune plus de bled qu'il n'en faut pour nourrir ſes habitans, dans l'état actuel de ſa population, que l'on ſuppoſe être de dix-huit millions de perſonnes de tout âge & de tout ſexe.

Le Maréchal de Vauban a prétendu, après des calculs profonds & de longues obſervations, que la culture des terres en France, portée à ſa perfection, pourroit nourrir trente-un millions d'habitans.

C'eſt donc la ſource la plus féconde & la plus aſſurée de ſon opulence, & qui mérite l'attention du Gouvernement préférablement à toutes les autres.

La crainte mal fondée d'une famine, qui ne peut exister en France que par la faute du Gouvernement, a fait interdire le commerce extérieur & intérieur de cette richesse premiere, en a fait défendre les emmagasinemens, & a souvent procuré les maux que l'on vouloit éviter. L'engorgement, si préjudiciable aux productions de la terre, a suivi ces Réglemens, ensorte que le prix du bled est, année commune, en France, plus d'un tiers au-dessous de la valeur qu'il a dans toutes les autres parties de l'Europe. Si on en compare le prix avec celui des autres marchandises, il se trouve dans la même disproportion. Delà il suit que le propriétaire des terres & le cultivateur, que l'on doit regarder comme de vrais Marchands, font un commerce disproportionné, & que les hommes se portant toujours du côté où leurs intérêts les appellent, abandonnent cette partie & la négligent de plus en plus.

La prospérité de la culture dépend donc du prix de la denrée proportionné à sa valeur en Europe; elle peut être alors assimilée aux autres marchandises qui entrent dans le commerce ; & comme elle occupe le plus grand nombre des Sujets du Roi, l'aiſance générale dépend du profit que le cultivateur peut faire ſur les productions de la terre, & par conſéquent elle donne un fonds & une maſſe plus conſidérable pour l'aſſiete des impôts réels, dont le fardeau ſe partageant ſur un plus grand nombre de gens aiſés, devient plus facile à ſupporter, & augmente en même tems les impôts qui ſont ſur la conſommation, qui eſt plus ou moins grande à raiſon de l'aiſance nationale.

Ce fut la reſſource la plus aſſurée du Duc de Sully ; ce grand homme commença ſon miniſtere par établir de l'œconomie dans la dépenſe, ſans laquelle rien ne peut réuſſir ; il ſupprima enſuite les abus qui s'étoient introduits dans les fermes du Roi, il en purgea les gens inutiles & de protection qui y participoient ; il vuida les caiſſes qui s'étoient multipliées à l'infini, dans leſquelles il reſtoit des fonds qui enrichiſſoient ceux qui en étoient chargés, & il ſimplifia les différentes eſpeces de régie. Après s'être occupé de ces importans objets, ſon eſprit pénétrant apperçut que dans la ſituation déplorable où l'Etat étoit réduit, il falloit moins penser à le libérer en mettant de nouveaux impôts, qu'à répandre l'aisance sur les cultivateurs : il permit l'exportation des grains, que les Réglemens de 1567 & de 1571 avoient interdite ; & s'il ne les fit pas révoquer, il sçut au moins en rendre les dispositions inutiles.

C'est ainsi qu'en très-peu d'années il trouva le secret d'acquitter les dettes de l'Etat, sans imposer sur les Peuples de nouvelles charges, parce que les impôts qu'il laissa subsister, & qu'il sçut choisir & régler, devinrent des sources fécondes par l'opulence publique & l'augmentation de la population.

C'est ainsi qu'il apprit que chez un Peuple agricole & industrieux la libération des dettes de l'Etat ne se fait ni plus sûrement ni plus promptement qu'en le soulageant par la diminution des impôts sur les fonds qui produisent les denrées de premiere nécessité, en prenant des mesures pour en augmenter la valeur par l'ouverture des débouchés, sur-tout quand il y a des impôts établis sur la consommation.

Sous l'administration de ce sage Ministre, le septier de bled, année commune, fut à 9 livres 16 sols 6 deniers,

& le marc d'argent à 20 livres, c'eſt-à-dire, que la proportion du bled avec le marc d'argent fut environ de moitié.

La condition du cultivateur & du propriétaire des terres devenue la meilleure de toutes, aſſure le ſort des autres branches d'induſtrie à proportion de cette proſpérité : c'eſt par cette raiſon que dans les années où la récolte eſt abondante dans un canton, & que les grains ſe ſoutiennent à un certain prix, comme de 20 a 22 livres le ſeptier, ſoit par les bruits qui ſe répandent d'une diſette prochaine, ſoit par le défaut de récoltes des années précédentes, on voit les fabriquans & les artiſans devenir plus aiſés, par le plus grand débit qui ſe fait dans les villes voiſines, où les cultivateurs viennent acheter, en ſortant des marchés, les choſes dont ils ont beſoin : on voit auſſi dans ces tems-là les manouvriers de la campagne être plus employés, parce que le propriétaire des terres content de ſon travail par le profit qu'il en a retiré, cherche à l'étendre, à perfectionner la culture, & trouve un dédommagement raiſonnable des avances qu'il a faites pour les frais de l'exploitation : quand au contraire le bled eſt à bas prix, outre que la pareſſe ſe gliſſe chez de certains ouvriers, les autres, en bien plus grand nombre que les premiers, reſtent ſans travail, par la ceſſation de l'aiſance de ceux qui les mettent en œuvre ; c'eſt ce qui donne naiſſance à la mendicité, qui eſt, en ſe multipliant, le plus grand fléau des Etats.

Les richeſſes de la France dépendant de l'aiſance des propriétaires des terres, & des cultivateurs, il faut s'appliquer à la leur procurer, & on ne peut y parvenir qu'en mettant le prix des grains dans l'intérieur au niveau de ſa valeur en Europe ; ce qui ne peut s'exécuter, qu'en lui donnant une circulation libre, en multipliant les conſommateurs au-dehors, en donnant un prix à l'excédent de la récolte, qui étant concentrée dans l'intérieur du Royaume, eſt en pure perte pour la Nation.

On commença à s'écarter du ſyſtême de M. de Sully ſous le miniſtère du Cardinal de Richelieu ; on défendit l'exportation des grains en 1631. Heureuſement cette loi fut mal obſervée, & le prix des bleds ſe ſoutint ; mais M. de Colbert ayant voulu la faire exécuter plus ſtrictement, pour donner plus de faveur à l'établiſſement de ſes

Manufactures, la valeur des grains depuis 1666 jusqu'en 1686, fut, année commune, à 9 liv. 15 sols 4 deniers le septier, quoique le marc d'argent fût à 26 livres 10 sols : ensorte que quoiqu'il eût le même prix apparent que sous le regne de Henri IV, il étoit réellement diminué du tiers au quart.

Dans les années qui suivirent, il se fit de plus grands progrès en mal ; car hors les années de cherté, il fut sous le regne de Louis XIV, année commune, à 6, 7, 8, 9 & 10 livres le septier, sur-tout depuis l'Ordonnance de 1699, dans laquelle on crut voir des dispositions pour interdire la circulation des grains de Province à Province.

Quoiqu'il paroisse aujourd'hui que le prix du bled soit un peu plus favorable en France, parce que dans les années communes, il vaut à peu près 15 liv. le septier ; il est encore dans la réalité porté moins haut que sous le regne de Louis XIV, à cause de la valeur du marc d'argent qui est de 50 liv.

Il est certain que plusieurs Etats de l'Europe ne récoltent point assez de bled pour la nourriture de leurs habitans : l'Espagne & le Portugal, dans les années communes, n'en ont que la moitié de ce qu'il en faut pour leur subsistance: leurs possessions en Amérique doivent aussi être approvisionnées par l'Europe. La Hollande ne possede que très-peu de terres labourables. La Suisse, Genève, & une partie de l'Italie, sont aussi dans le cas de se pourvoir chez les Nations étrangeres. Tout cela rassemblé fournit à-peu-près douze ou quinze millions de consommateurs qu'il s'agit d'approvisionner. Comment le font-ils? Les Hollandois & les Hambourgeois vont dans le Nord, & tirent de la Pologne, par Dantzick, les bleds qui leur sont nécessaires, non-seulement pour leur subsistance, mais encore pour celle d'une partie des Nations qui en ont besoin. Ils en tirent aussi des côtes de Barbarie pour l'approvisionnement des Etats méridionaux. Les Anglois font le même commerce avec d'autant plus d'avantage, qu'il n'est qu'accessoire à l'exportation de l'excédent de leurs productions, qu'ils se sont enfin procuré par la perfection de la culture de leurs terres en Angleterre, & de celles de leurs Colonies de la Nouvelle Yorck & de la Pensilvanie; aussi se sont-ils emparés de plus des deux tiers de ce commerce.

Ces Nations font des dépôts de bled chez elles, & attendent les besoins de l'Europe. Combien de fois ont-elles profité de notre mauvaise police sur les grains? Elles nous en ont fourni dans des tems ou des disettes d'opinions, (car on le répéte, il n'y en a point d'autre en France) portoient chez nous le prix des bleds au-dessus de la valeur de celui du reste de l'Europe : elles se sont enrichies à la faveur d'une loi qui en défendoit l'exportation, même dans les années abondantes, à laquelle on a donné une interprétation barbare pour en arrêter la circulation de Province à Province, & on en a interdit les magasins, qui auroient dû mériter à ceux qui les faisoient, des récompenses de la part du Gouvernement.

Ces entraves ont été suivies de tous les inconvéniens d'un commerce illicite, l'excédent de nos récoltes a passé chez l'Etranger avec beaucoup de dépenses à la faveur de permissions. Les magasins que l'on vouloit dérober aux yeux dela police, & les grains enlevés dans les saisons les moins favorables, en diminuoient la quantité & en altéroient la qualité, le juste profit du Cultivateur & du Commerçant a été dévoré par des sangsues avides, les campagnes se sont dépeuplées, la culture des terres médiocres a été ralentie & convertie en bois, dont le produit de l'arpent est devenu plus avantageux au propriétaire que celui des grains & celle des menues terres que l'on faisoit rapporter avec le secours des engrais, a été abandonnée; si le mal continue il sera sans remede. La libre circulation des bleds dans l'intérieur que l'on vient d'accorder, le diminuera, mais ne le détruira pas, si elle n'est pas suivie de la liberté de l'exportation & de l'importation.

Nous pouvons voir, par la relation de la valeur des grains à celle du marc d'argent sous le ministère de Sully, le prix auquel on doit s'efforcer de le porter aujourd'hui, & cela servira de boussole pour la prospérité de l'Etat. L'argent étoit alors à 20 livres le marc, & le septier de bled, mesure de Paris, de deux cens quarante livres pesant, étoit, année commune, comme nous l'avons dit ci-dessus, à 9 liv. 16 sols 6 deniers. Cette valeur étoit alors le prix courant de l'Europe, puisque la circulation étoit presqu'entierement libre, & que nous faisions la plus grande partie du commerce étranger. Si le prix actuel du septier de bled étoit dans la même proportion avec notre marc d'argent, il seroit vendu environ 24 livres; & si le commerce extérieur étoit libre, il ne varieroit au plus que de trois liv. par septier au-dessus ou au-dessous de 24 livres, suivant les années de stérilité ou d'abondance de la France; parce que dans le premier cas l'emmagasinement étant licite, tous les greniers des Propriétaires, des Cultivateurs & des Commerçans s'ouvriroient alors, & ils seroient forcés, par le grand nombre de concurrens que la liberté de l'importation accroîtroit, à se contenter d'un gain raisonnable, après avoir prélevé les frais qu'ils feroient avec économie pour la garde & le transport; & dans le second cas, ces mêmes Commerçans nous débarrasseroient de notre excédent: ainsi dans les années d'une grande disette le septier de bled seroit à 27 liv., & dans les années abondantes à 21 liv. Ce seroit sans doute la plus grande prospérité pour la culture qu'il fût possible de voir, & ce seroit alors que la condition des propriétaires des terres & des cultivateurs seroit la meilleure de toutes; mais nous ne pouvons pas nous flatter de voir les choses portées à ce degré de faveur, qu'elles avoient au tems de Sully. Les impôts sur les terres sont intrinséquement fort au-dessus de ce qu'ils étoient alors, & ils ne peuvent être diminués que par des progrès insensibles : d'ailleurs la situation de l'Europe n'est pas la même relativement aux productions ; l'Angleterre a porté sa culture au plus haut degré, non-seulement en Europe, mais même dans ses possessions de l'Amérique ; elle avoit dans ce tems-là recours à la France pour sa subsistance, & actuellement elle a plus de grains qu'il ne lui en faut. Bien loin de lui fournir des grains, elle entreroit en concurrence avec nous pour le commerce étranger. Mais quand même nous ne parviendrions qu'à porter le prix du bled à 18 livres le septier, nous serions encore dans l'aisance, même en laissant subsister les impôts tels qu'ils sont : c'est ce qu'il faut démontrer par une opération de calcul.

On a observé que sur la consommation des grains recoltés en France pendant dix années, il se trouve un excédent sur chaque recolte de neuf millions de ſeptier, leſquels exportés produiroient à raiſon de 18 liv. le ſeptier 140 millions. Cette ſomme acquitteroit facilement tous les impôts dont les Propriétaires des terres & les cultivateurs ſont chargés dans les tems les plus difficiles, & par conſéquent leur fourniroit le moyen de payer la totalité de leurs charges. Il n'y a point de meilleure libération pour l'Etat, que de lui procurer les moïens d'augmenter ſes richeſſes; ces 140 millions répandus tous les ans en bénéfice pour la campagne, augmenteroient la culture & la production de la denrée de premiere néceſſité ; une partie de ce produit rentreroit dans le tréſor public par les droits qui ſont établis ſur la conſommation qui deviendroit plus forte par l'aiſance & la population.

Une ſeconde opération de calcul va démontrer le grand avantage que l'Etat en retireroit.

Le Royaume produit année commune, en mettant ſes récoltes au plus bas, 63 millions de ſeptiers de bled, déduction faite de la ſemence, qui valent, à raiſon de 15 liv. le ſeptier, 945 millions de livres, ſur leſquels on eſt obligé d'aſſeoir les impôts actuels ſur les terres labourables. Ces impôts restans les mêmes, & une grande partie étant destinée annuellement à l'acquit des arrérages des rentes de l'Etat, qui ont une valeur numéraire qui n'est point susceptible d'augmentation, la recolte du bled sur le pied de 18 liv. le septier, donne un produit de 1140 millions au lieu de 945 millions, & par conséquent présente une assiette plus étendue de 189 millions. Si le prix du septier de bled étoit porté à 21 liv. suivant le prix courant actuel de l'Europe, les productions du bled seroient de 1260 millions, & donneroient une assiette pour les impôts de 315 millions plus forte que celle d'aujourd'hui, de maniere que les revenus des Propriétaires des terres augmenteroient d'environ un tiers en sus ; ils s'appliqueroient alors à perfectionner & à étendre la culture de la terre qui les récompenseroit amplement de leurs peines & de leurs avances ; les manouvriers de la campagne étant généralement employés, gagneroient des journées plus fortes & ne penseroient plus à quitter leurs foyers pour demeurer dans les Villes ; les Artisans & les Fabricans s'y concentreroient & auroient par l'opulence du

Cultivateur, un débit plus grand & plus assuré de leurs marchandises ; tout seroit dans une heureuse activité, & de cette activité il en résulteroit une plus grande aisance & une plus grande population, qui influeroit considérablement sur l'amélioration des impôts à la consommation. Quelle richesse pour l'Etat & quelle fécondité ! La France un jour seroit peut-être en état par sa population de consommer la totalité des fruits dont son sol bien cultivé est susceptible, c'est-à-dire, de renfermer dans son sein 31 millions d'Habitans, ce qui seroit la plus grande prospérité de l'Etat.

On ne peut se dissimuler qu'elle seroit très-préjudiciable aux Propriétaires des rentes ; mais si l'on fait attention que ce sont des frêlons inutiles dans un Royaume qui pesent sur tous les autres Sujets par la facilité qu'ils ont de se soustraire au travail, aux charges de l'Etat, & à celle de la propriété des fonds de terre, on ne trouvera pas qu'il y ait un grand inconvénient que les denrées renchérissent pour des consommateurs de cette espéce ; c'est même un bien de les forcer à sortir de leur inaction, pour se mettre par leur travail au niveau des autres ; le prix des denrées n'eſt point redoutable pour qui ſçait s'occupper de choſes inutiles ; ſi l'on achete cher, on vend ſon induſtrie au même taux , & tout eſt égal pour celui qui ſuit l'oiſiveté.

La liberté de l'importation & de l'exportation aſſurera le prix du bled, de maniere que les manouvriers & les artiſans pourront y proportionner le prix de leurs journées. On ne fixe le travail des manouvriers & des artiſans qu'à raiſon du plus bas prix de la denrée, à cauſe de ſes variations ; ſi elle prenoit un niveau ſolide, ce prix deviendroit la régle de celui des journées, & ceux qui les employent ſeroient bientôt forcés de leur faire juſtice : c'eſt cette incertitude qui eſt cauſe de leur miſere actuelle, parce que le cultivateur mal aiſé n'employe pas autant de bras que dans un état d'aiſance.

C'eſt auſſi par cette raiſon que les Fermiers ne ſont pas en état d'affermer les terres au prix même qu'elles peuvent valoir dans l'Etat actuel , il n'y a que ceux qui ont aſſez de fortune pour garder leur recolte pendant un an ou deux, qui ſoient dans le cas d'en donner le juſte prix ; mais ſouvent ils profitent de cet avantage pour les affermer moins cher. Auſſi nous ne voyons d'aiſance dans cet état, que pour les Laboureurs qui ont aſſez de force pour emmagaſiner leurs bleds, qu'ils gardent juſqu'à ce que quelque diſette d'opinion faſſe monter le prix des grains au double de celui qu'il doit avoir. Le gain eſt alors immenſe, & fait faire des fortunes rapides aux Laboureurs de cette eſpéce, qui ſont en très-petit nombre, tandis que ceux qui ont été obligés de vendre annuellement leurs recoltes ſont dans l'indigence. De-là vient que dans les campagnes les Fermes ſont moins diviſées qu'elles n'étoient anciennement : les bâtimens qui ſervoient à l'exploitation d'une certaine quantité de terres ſont détruits ; ces mêmes terres ſont réunies à un autre corps de Ferme capable de fixer un Laboureur aiſé, & les autres petits Laboureurs ſont réduits à avoir la propriété d'un logement pour eux & leur famille, dont ils ne ſont point en état de faire les réparations, & prennent à ferme, des Bourgeois des Villes voiſines, des terres égrenées, & dont les bâtimens auxquels elles ſont attachées ont été démolis ou aliénés, au grand détriment de la culture & de la population, parce qu'il eſt certain que les engrais fertiliſant la terre ſont formés par les ménages, & par conſéquent plus il y aura de ménages, & plus la production ſera grande : ce ne ſera qu'en rendant la denrée plus chere que l'on remédiera à ce mal qui fait de jour en jour des progrès conſidérables.

Les objections que l'on pourroit faire contre l'exportation des bleds, ſe réduiſent à la crainte du monopole, ſoit de la part des Régnicoles, ſoit de la part des Nations étrangeres, maritimes & commerçantes.

On répond ſur le premier article, que le commerce intérieur & les emmagaſinemens étant permis par la Déclaration du 21 Novembre dernier, la crainte du monopole intérieur doit être bannie. En effet, pour concevoir la poſſibilité du monopole dans le Royaume, il faudroit un concert de plus de onze mille chefs de famille, que leur profeſſion & leur intérêt a de tout tems deſtinés à l'emmagaſinement, & auxquels il a toujours été permis avant la derniere Déclaration, de conſerver leurs grains pendant un certain tems, c'eſt ce qu'il faut établir par un calcul. Les Laboureurs & les Propriétaires aiſés gardent une partie de leur récolte dans les années abondantes, où le bled eſt au plus bas prix. Il y a 44 mille Paroiſſes en France, ôtons-en la moitié, ſi l'on veut, pour celles qui ne ſont pas en culture ou deſtinées à la production du bled, il en reſtera 22 mille dans leſquelles on cultivera cette denrée. On peut ſuppoſer ſur cinq Paroiſſes un Propriétaire ou un Laboureur aiſé en état de tenir en magaſin une année de ſa récolte, cela fournira 4400 magaſins.

Les Propriétaires ou les Fermiers des Dixmes eccléſiaſtiques qui peuvent faire des magaſins, ſont en auſſi grand nombre.

Les Propriétaires aiſés des moulins auront auſſi intérêt de faire des magaſins ; il y a au moins 12 milles moulins à bled en France, & quand il n'y auroit que la dixiéme partie des Meûniers en état d'emmagaſiner, ce ſera encore 12 cens magaſins particuliers.

Les Propriétaires des droits de hallage & minage ſont auſſi des Emmagaſineurs nés, avec d'autant plus de facilité, qu'ils perçoivent ſans frais dans les Villes & dans les gros Bourgs des droits en eſſence ſur le bled, & ſont à portée de ſpéculer & de profiter du haſard des marchés ; on peut compter ſur un mille au moins de ces petits magaſins,

Voila donc onze mille perſonnes qui ont tenu de tous tems des magaſins, & avec leſquels il auroit fallu s'entendre pour le monopole, ce que l'on ne peut ſuppoſer.

L'augmentation exceſſive ſur le prix du bled vient de la crainte publique qui ſe répand dans tous les eſprits ; & ce qui prouve démonſtrativement que les diſettes en France ne ſont que d'opinions, c'eſt que en calculant, comme on l'a dit ci-deſſus, une année de diſette totale ſur dix ans, il ſe trouve encore un excédent de neuf millions de ſeptiers de bled par chaque année ; & que dans celles où l'on croyoit les diſettes les plus grandes, 420 mille ſeptiers de bled achetés chez l'Etranger, importés dans le Royaume, ont fait ceſſer la famine & remis le bled au taux ordinaire. Ces ſecours étrangers ont été même ſouvent gâtés ou de mauvaiſe qualité, & n'ont ſervi qu'à remettre la tête du Peuple qui s'imaginoit qu'ils étoient plus conſidérables. Le monopole auroit dû avoir lieu dans quelques Provinces peu fertiles en labour avant la liberté de la circulation dans l'intérieur ; depuis qu'elle eſt ouverte, il n'eſt pas vraiſemblable qu'il puiſſe y avoir de monopole, quand même il ne s'établiroit que peu de Commerçans de grains. Mais cette branche d'induſtrie étant libre & protégée par le Gouvernement, va s'étendre & ſe multiplier par la ſûreté qu'on lui a donnée. Le Peuple s'accoutumera à les regarder comme des Citoyens utiles, & ils ne ſeront plus expoſés aux vexations des Officiers de Police, de maniere que le monopole deviendra moralement impraticable.

Il faut à préſent examiner ſi le monopole peut avoir lieu de la part de l'Etranger pour nous faire acheter à un prix exceſſif les bleds dont nous aurions beſoin, après que par la liberté de l'exportation, on leur aura donné la facilité de faire ſortir de la France dans toutes les années ſoit de diſette, ſoit d'abondance, ce qu'ils jugeront à propos d'en faire enlever.

Trois raiſons s'oppoſent à penſer que cette eſpece de monopole puiſſe avoir lieu.

La premiere eſt celle de ce grand nombre de magaſins intérieurs & de ceux que les Commerçans de bled vont créer.

La ſeconde eſt, que la liberté de l'exportation & de l'importation ayant lieu, nos Commerçans pourront aller aux ſources, ainſi que les autres Nations maritimes, pour y acheter de la premiere main le bled dont on pourroit avoir beſoin, & qu'il ſe formera des dépôts de bled dans nos Ports, comme il s'en forme en Angleterre, en Hollande & à Hambourg, non pas ſeulement pour les beſoins de la Nation, mais encore pour ceux des autres parties de l'Europe où la diſette ſe feroit ſentir. Les Commerçans François diviſés en grand nombre, ne pourroient pas ſe concerter avec les autres Négocians Anglois, Hollandois ou Hambourgeois, pour faire le monopole.

La troiſiéme raiſon eſt, que les récoltes dans toute l'Europe ſont à peu près égales chaque année; ſi elles ſont abondantes dans un climat, elles manquent dans un autre: & la liberté du commerce mettant un niveau dans cette partie par la concurrence des Négocians indépendans & en trop grand nombre pour pouvoir s'accorder, il en résulte que les canaux étant ouverts de toutes parts, ainſi que l'entrée des greniers de l'Europe, les conventions deviennent impossibles, sur-tout lorsque ces greniers se trouvent dispersés dans les différentes parties du monde.

Le Nord est un pays abondant en bled, dont Dantzick est le dépôt; c'est de-là que les Nations étrangères commerçantes tirent celui qu'elles réexportent; les Anglois, les Hollandois, les Gênois, & quelques Négocians des Villes maritimes de l'Italie, en tirent des Côtes de Barbarie & de Sicile, qu'ils portent en Espagne, en Portugal & en quelques endroits de l'Italie; les Négocians François, avec la libre exportation & importation des grains en France, viendront partager les profits que ces Nations font dans ce commerce, & entretiendront comme elles les correspondances nécessaires pour approvisionner promptement la partie de l'Europe où ils verroient que la récolte pourroit manquer.

La Nation qui seroit le plus promptement en état, ou par sa situation, ou par son industrie, de porter des secours, seroit celle qui y gagneroit davantage, & en faveur de laquelle la préférence se décideroit. La France, par sa situation, est plus à portée que toute autre d'approvisionner les Etats méridionaux

& une partie de l'Italie, & d'y faire arriver les grains à moindres frais & plus promptement ; elle aura donc un plus grand intérêt de faire des magasins, soit avec les bleds étrangers qu'elle importera, soit avec l'excédent de ses récoltes, d'autant mieux que les bleds de son crû rendent plus de farine, & sont de meilleure garde que les bleds du Nord & de l'Amérique : ce seroit donc la Nation Françoise qui y feroit le plus grand profit. Les autres Nations ne viendroient qu'en seconde ligne, & ne jouiroient que d'un bénéfice fort au-dessous du premier ; car tout le monde sçait quel avantage il y a de fournir le premier, dans un Pays dépourvû, une denrée de première nécessité.

Si ces Négocians prévoyent une disette en France, ils iront dans le Nord ou sur les Côtes de Barbarie pour garnir leurs magasins, qu'ils ne laisseront jamais vuides, parce qu'ils seront la source de leurs richesses ; & par ce moyen on aura toujours sous la main une plus grande quantité de bled qu'il n'en faut pour la subsistance nationale. Si les Négocians François ne suffisoient pas dans les tems de disette, les autres Nations commerçantes seroient trop heureuses

reuſes d'y ſuppléer & d'être admiſes à la concurrence de l'importation. Ces magaſins entretenus par nos Négocians, ordinairement par notre excédent, & en ſecond lieu avec des bleds étrangers deſtinés au beſoin du genre humain, doivent raſſurer contre le danger de pouvoir s'approviſionner en cas de diſette dans un tems de guerre qui interdit le commerce de la mer. Car quand même il arriveroit alors que les anciens magaſins & l'excédent de nos récoltes fuſſent épuiſés, il ſeroit toujours facile de s'en procurer; toutes les Nations maritimes de l'Europe ne ſeront pas déclarées contre nous, toutes ne ſeront pas en guerre en même tems avec celles contre leſquelles nous combattrons; pourvu qu'il en ſubſiſte quelques-unes de neutres, elles ſuffiront pour importer ce qui nous ſera néceſſaire: l'appas du gain fera même affronter à nos Négocians le danger d'être pris, & ceux même des Nations ennemies travailleroient à nous en procurer ſous des Pavillons empruntés, l'intérêt perſonnel étant toujours au-deſſus de toute autre conſidération, ſurtout pour des Commerçans dont la profeſſion & le but eſt de s'enrichir. Le monopole étranger n'eſt donc pas plus à craindre que le monopole intérieur, & c'eſt ce qui paroît ſuffiſamment établi.

Il eſt à préſent néceſſaire d'examiner ſi en ſuppoſant la liberté de l'exportation & de l'importation des bleds, il ne ſeroit pas convenable d'impoſer un droit à la ſortie des grains qui ſeroient exportés, pour prévenir la diſette que les enlevemens pourroient occaſionner.

Quelques perſonnes ont penſé qu'il ſeroit à propos de défendre la ſortie des grains hors le Royaume quand le bled ſeroit au-deſſus de 24 livres le ſeptier, & de mettre une taxe ſur celui qui ſeroit exporté quand le ſeptier ſeroit au-deſſus de 20 liv. juſqu'à 24 liv.

D'autres ont cru qu'il ne faudroit point ordonner de prohibition, mais que quand le bled ſeroit à 20 livres le ſeptier, on pourroit mettre un droit de 20 ſols, qu'il faudroit augmenter à raiſon de l'augmentation ſur le prix des grains.

D'autres enfin ſe ſont élevés contre ce ſyſtême, & ont voulu démontrer que l'établiſſement de ces droits, ſoit à l'entrée, ſoit à la ſortie, ne pourroit que produire un très-mauvais effet, & qu'il falloit une circulation franche & libre dans l'intérieur & à l'extérieur.

Quelques réflexions doivent faire pencher la balance en faveur de ce dernier sentiment, & c'est ce qu'il faut développer.

L'avantage que l'on se propose dans la circulation libre du bled, est 1°. de mettre le prix de nos productions en tout genre au niveau de celui de ces mêmes denrées dans toute l'Europe, afin d'en faire une branche de commerce qui nous débarrasse de notre superflu, qu'il est constant que nous avons. 2°. De multiplier nos magasins, pour ne jamais être exposés à une disette d'opinion, en cas de mauvaises récoltes, & pour que les Etrangers viennent alors dans nos Ports concurremment avec nos Négocians, approvisionner le Royaume, & y mettre le prix du bled au niveau de celui du reste de l'Europe, soit en le prenant dans les magasins des récoltes précédentes, soit en le tirant des climats où la récolte ne manque presque jamais.

Le commerce des bleds dans toute l'Europe peut monter aujourd'hui à trente millions de septiers; les Anglois, les Hollandois, les Hambourgeois & les Genois ſont en poſſeſſion de ce commerce. Nous avons ſur nos propres fonds un excédent de récolte de neuf millions de ſeptiers, & par conſéquent nous devons faire tous nos efforts pour entrer d'abord en concurrence avec eux, & enſuite le leur enlever, non-ſeulement pour qu'il ne nous reſte rien de notre excédent, mais encore pour y joindre celui que nous pourrons nous procurer par les achats que nous ferons dans le pays étranger, principalement aux côtes d'Afrique, où nous pouvons aller en chercher à moindres frais qu'eux, pour le reverſer enſuite en Eſpagne, en Portugal & dans quelques endroits de l'Italie. Ces opérations de commerce demandent des ſpéculations qui doivent partir de points fixes, & qui ne ſoient pas expoſés à des entraves. Or un droit que l'on mettroit, ſoit à l'entrée, ſoit à la ſortie des grains, pourroit avoir de grands inconvéniens.

1°. Le Négociant qui doit faire ſon calcul pour garnir ſon dépôt ſur le prix ordinaire du bled en Europe, n'entre plus en concurrence avec les autres Nations, par le droit de ſortie que l'on impoſera.

2°. Le prix du bled étant en même tems dans une partie du Royaume au-deſſus de 20 livres le ſeptier, & dans d'autres au-deſſous, il arrivera que l'on fera ſortir des grains d'un canton, & qu'il ſe fera une obſtruction dans l'autre, dont nos voiſins ne manqueront pas de profiter.

3°. La variation du prix des grains, dont la valeur s'eſtimera par celle qu'il aura dans les marchés les plus proches, fera naître des difficultés qui expoſeront le Négociant à des retardemens préjudiciables, à des vexations & à des procès.

4°. Les droits de cette eſpece, qui augmenteront à proportion du prix du bled au-deſſus de 20 livres le ſeptier, animeront le fraudeur lorſque les droits ſeront portés à un certain prix, & feront tomber le commerce licite, qui ne peut aller en concurrence avec le commerce illicite.

5°. Lorſque le Peuple verra impoſer dans les Ports des droits à la ſortie du bled, les diſettes d'opinions ou les fauſſes famines recommenceront, parce que le Gouvernement leur annoncera par cette opération la crainte de manquer de bled dans l'intérieur. Elle produit des effets ſi extraordinaires, que l'on doit prendre toutes les meſures poſſibles pour s'en garantir, & la plus efficace eſt de laiſſer une liberté entiere.

Toutes ces raiſons paroiſſent plus que ſuffiſantes pour faire renoncer au projet de charger de droits l'exportation & l'importation des grains.

Achevons de nous convaincre par l'exemple des autres Nations commerçantes, que ces droits ſeroient pernicieux, & qu'ils couperoient les racines naiſſantes d'un établiſſement auſſi avantageux.

Les Anglois ont eſtimé que le prix général du ſeptier de bled en Europe étoit de 21 livres. Affranchis des craintes du monopole & de la diſette par une longue expérience, & encouragés par les progrès de leur Agriculture, ils ont penſé qu'il falloit exciter l'exportation des bleds, perſuadés que c'étoit la baſe de leurs premieres richeſſes; ils ont accordé une récompenſe de 2 livres 14 ſols par ſeptier, lorſque le bled en Angleterre eſt au-deſſous de 27 livres, pour empêcher que le prix du bled ne s'aviliſſe dans l'intérieur par le défaut de conſommation: s'il vaut plus de 27 livres, les gratifications cessent; & quand le septier de bled monte jusqu'à 45 livres, l'exportation est prohibée. Depuis 1689 que ces exportations sont accordées, on n'a point vu le bled monter jusqu'à 45 livres le septier, il a toujours été fort au-dessous, & le commerce extérieur n'a point encore été interdit; ce qui prouve évidemment que cette prohibition n'a été ordonnée que pour flatter le Peuple, & dans un cas que l'on a présumé impossible.

On ne peut assez admirer les motifs d'une police si sage & si analogue aux intérêts d'un Peuple cultivateur. Elle est observée depuis plus de quatre-vingt ans avec le plus grand succès. Elle a mis la Nation Angloise en possession des deux tiers de l'approvisionnement de l'Europe, & elle a perfectionné la culture de l'Angleterre & de ses Colonies au plus haut degré.

Une manipulation de cette espéce est bien propre à faire porter le prix du bled dans l'intérieur au taux général de l'Europe, à exciter l'industrie, & à multiplier les Gens de mer; & en suivant toujours leur plan de favoriser dans toutes leurs entreprises le Commerce maritime national, l'exportation & l'importation des grains en Angleterre ne peuvent être faites que sous Pavillon Anglois, & dans les Vaisseaux il doit y avoir les deux tiers de l'Equipage de regnicoles.

Les Hollandois, quoiqu'ils recoltent peu de bled, n'ont point craint de laisser chez eux l'exportation & l'importation libre.

Les Hambourgeois font de même. A Dantzick où est le dépôt général du Nord, & le grand grenier de l'Europe, il y a un droit très-léger imposé à la sortie des bleds, qui se soutient à cause de l'abondance qui se répand de-là dans toute l'Europe. Si nous avons l'exportation & l'importation libres, ce droit établi à Dantzick ne sera qu'avantageux à notre Commerce.

On voit par la conduite des Nations commerçantes de l'Europe, & par tous les inconvéniens que l'on vient d'exposer, que le moyen le plus propre pour empêcher la concurrence de ce Commerce avec les Etrangers, seroit d'imposer des droits à l'exportation & à l'importation ; que cette concurrence étant perdue, il ne nous sera plus possible de faire porter nos productions au taux général de l'Europe; que c'eſt cependant le but que nous devons nous propoſer pour la propriété de notre Agriculture ; que c'eſt le ſeul moyen de rétablir l'aiſance nationale , & que par les beſoins bornés de l'Europe , nous devons plutôt craindre de ne pas aſſez exporter que de trop exporter.

L'avantage de notre ſituation & la très-bonne qualité de nos bleds , nous mettra peut-être en état d'établir cette concurrence ſans donner des gratifications aux Exportateurs ; c'eſt ce que l'expérience nous apprendra.

Cette Franchiſe ne doit cependant pas s'étendre au point de ne pas aſſujettir les Négocians à faire une déclaration de la quantité de grains qu'ils exporteront ou qu'ils importeront. Cela eſt indiſpenſable pour que le Gouvernement connoiſſe annuellement l'étendue & le progrès de ce Commerce : mais cette déclaration ne doit être ſuivie que d'un ſimple Enregiſtrement , & de la délivrance d'un Paſſe-avant, pour leſquels il ne faut pas que l'on paye plus d'un ou deux ſols par ſeptier , enſorte que ce droit ſera ſi peu conſidérable qu'il équivaudra à la Franchiſe , & ſera ſuffiſant pour attirer l'attention des Commis qui devront en tenir des Regiſtres.

Une autre précaution à prendre, c'eſt que par la Déclaration qui rendra le commerce des grains libre, il ſera bon d'impoſer, pour le tems des deux premieres recoltes ſeulement, ſur chaque ſeptier de bled qui ſera exporté, un droit raiſonnable, ſi le prix du bled étoit porté à un certain taux; enſorte que quand il ſeroit au-deſſous de 21 liv. il ſeroit franc, & aſſujetti ſeulement au droit de Paſſe-avant; depuis 21 liv. juſqu'à 45 liv. on payeroit le ſol pour livre de ſa valeur; & ſi le ſeptier de bled venoit juſqu'au prix de 45 liv. l'exportation ſeroit prohibée. Cette conduite paroît néceſſaire par deux raiſons.

La premiere, qu'en donnant des limites dans les commencemens à l'exportation, le peuple ſe raſſurera & s'accoutumera pendant deux ans à l'entiere Franchiſe qui ſera promiſe après le terme expiré des deux premieres recoltes. Sa haine contre les commerçans en grains ſe ralentira, & il s'en formera ſuffiſamment pendant cet intervale pour ſe livrer particulierement à ce commerce.

La ſeconde, c'eſt que les débouchés

étant ouverts tout à coup avec une liberté indéfinie chez une peuple aussi inquiet & qui ne calcule pas, pourroient donner une secousse au prix du bled, qui malgré notre abondance seroit porté pendant quelques mois au-delà de ses justes bornes par la crainte d'une disette future ; ce que l'on évitera en prenant les mesures que l'on a indiquées ci-dessus. Ainsi en supposant que l'on donnât une Loi qui permît l'exportation & l'importation avant la récolte de 1764. il faudroit que ces droits ne fussent établis que jusqu'au premier Octobre 1765. On estime qu'il faudroit tirer de la liberté de ce Commerce quelques avantages pour notre Marine ; & pour cet effet, il seroit à propos que les Nations étrangeres ne fussent admises à l'importation, qu'aux mêmes charges ou faveurs que celles que nous avons chez elles dans ce genre de commerce.

On pourroit par la même raison ne permettre l'exportation que sous le Pavillon François, principalement pendant la Paix. Il est bien juste que l'abondance de nos denrées occupe & forme notre Marine préférablement aux Etrangers ; elle est la principale force nationale. Dans l'Etat où elle est réduite ; on ne peut trop-tôt saisir les occasions de la rétablir ; c'est le moyen de nous acquérir une branche de Navigation de plus, & de n'être pas la dupe de certains Peuples commerçans qui voudroient tout envahir.

Les progrès de notre agriculture pourroient aussi être favorables à nos Soldats. On s'apperçoit déja de la diminution de notre population par la peine que nos Laboureurs ont de trouver, dans les années abondantes, le nombre nécessaire de Moissonneurs dans quelques cantons. Les intempéries qui regnent souvent en France dans le tems de la récolte, & qui la rendent si difficile dans de certaines années, demanderoient qu'elle se fît plus promptement ; mais on ne peut surmonter cet obstacle par le défaut de bras. La culture des terres en s'étendant & se perfectionnant, produira des récoltes plus abondantes qui en exigeront encore un plus grand nombre. On pourroit alors se servir très-utilement de nos Soldats à qui on accorderoit, en tems de paix, des congés pendant la moisson, au lieu de leur en donner pendant l'hyver. Les Soldats qui jouissent de leur liberté dans cette ſaiſon, où les ouvrages de la campagne ſont preſqu'entierement ceſſés, reſtent dans l'oiſiveté, ſe plongent dans la débauche, corrompent les mœurs de leurs compatriotes, ſe croyent tout permis, & deviennent à charge à leurs parens pauvres, qui ſont obligés de les nourrir ſans pouvoir les occuper. Tout eſt, au contraire, dans l'activité pendant les mois de Juin, Juillet, Août & Septembre ; les pareſſeux même ſont alors excités par l'exemple, l'intérêt & la néceſſité : on choiſiroit donc ces quatre mois pour délivrer aux troupes des congés par tiers, les deux autres tiers reſtant toujours ſous le drapeau, de maniere que que les Soldats pourroient revenir tous les trois ans dans leur patrie, où ils employeroient très-utilement le tems qu'ils y paſſeroient. Outre que ces congés leur donneroient le moyen de ſubſiſter avec plus d'aiſance, ils s'entretiendroient dans les travaux pénibles de la campagne, où ils retourneroient plus volontiers après le tems de leur ſervice expiré.

Les difficultés que doit rencontrer un nouvel établiſſement qui heurte les préjugés du Peuple, qui ne connoît pas toujours ce qui lui convient le mieux, exigent du Gouvernement de ne le commencer que dans une année où l'abondance de la récolte rend le bled à vil prix, & dans laquelle il n'a pas la qualité necessaire pour pouvoir être gardé long-tems ; l'augmentation qu'il doit éprouver à l'ouverture de ce commerce, ne sera pas assez considérable pour exciter des murmures : cette abondance fera prendre peu à peu au bled le niveau du prix de l'Europe. L'exécution de ce projet deviendroit peut-être dangereuse dans une année où la récolte ne seroit qu'ordinaire, & elle seroit impraticable dans une année de disette. La récolte que nous avons eue l'année derniere est une des plus favorables que nous ayons vû depuis long-tems. Le bas prix du bled, qui est de 8 à 12 livres le septier, annonce un excédent assez considérable au-delà de notre consommation : c'est donc une année de cette espece qu'il faut choisir pour commencer une opération qui sera la source de l'opulence publique. Si on laisse échapper cette occasion, elle ne se présentera peut-être pas de dix ans : combien dans cet intervalle il y auroit eu de terres défrichées ou améliorées, dont le produit auroit répandu l'aisance ! Il n'a fallu que treize ans à M. de Sully pour remettre l'Etat dans la plus brillante situation.

Il résulte de tout le contenu en ce Mémoire :

1°. Que les Richesses les plus solides & les plus étendues de la France, consistent dans les grains qu'elle tire de son crû.

2°. Que l'interdiction du commerce des grains, soit dans l'intérieur, soit à l'extérieur, lui a fait perdre au moins un tiers de cette richesse.

3°. Que la liberté de l'exportation & de l'importation des grains lui restituera ce qu'elle a perdu, & augmentera le trésor public sans de nouvelles charges, par la fécondité que l'aisance nationale donnera aux droits établis sur la consommation.

4°. Que l'augmentation de cette richesse présentant une assiette plus étendue pour les impôts dont le Peuple est accablé, lui procure un très-grand soulagement, & peut être regardée dans un Etat comme une vraie libération.

5°. Que le monopole sur les grains, intérieur & étranger, est impossible lorsque la liberté sera entiere.

6°. Que les craintes que l'on pourroit avoir que l'augmentation du prix du bled, procurée par la liberté de ce commerce, ne réduise les artisans & les manouvriers à l'indigence, ne sont pas mieux fondées.

7°. Que les droits que l'on voudroit exiger des Commerçans regnicoles, soit à l'exportation, soit à l'importation des grains, seroient destructeurs de ce nouvel établissement, & qu'il suffit de prendre quelques précautions pour le tems des deux premieres récoltes qui le suivront, & pour acquérir la connoissance du montant du grain exporté & importé.

8°. Que l'on doit tirer parti de cette nouvelle branche de commerce, de maniere qu'elle devienne la plus avantageuse qu'il sera possible à notre Marine, & indirectement favorable à nos Soldats.

Qu'enfin la récolte abondante que nous avons eûe dans la derniere année, nous présente le moment le plus favorable pour l'ouverture de ce commerce.

www.ingramcontent.com/pod-product-compliance
Ingram Content Group UK Ltd.
Pitfield, Milton Keynes, MK11 3LW, UK
UKHW021958260726
13994UKWH00004B/1820

9 782329 364124